¿Por qué Dios me hizo niño?

Autores: **Joe Owen** y **Abby Owen**
Ilustrado por: **Omar Gamboa**

un producto de Answers in Genesis

ISBN: 978-958-5163-22-5

Ilustrado por: Omar Gamboa
Diseñadores: Omar Gamboa, Jenn Reed
Editado por: Maria de Pilar

Impreso en Colombia por Editorial Nomos S. A.
Printed in Colombia

¿Por qué es de suma importancia leer esta serie de libros a sus hijos?

Los principios del Siglo XXI han sido permanentemente marcados por la explosión de la ideología de género en los medios, redes sociales, y el currículo escolar de millones de niños en América Latina. Al parecer, los promotores de la revolución sexual no descansarán hasta erradicar (si fuese posible) el diseño de Dios en hombres y mujeres. Sin embargo, al igual como en toda la historia de la iglesia, las falsas enseñanzas han servido para obligar a la iglesia a definir lo que las Escrituras enseñan realmente sobre varias doctrinas de gran importancia. En la etapa en la cual vivimos se nos ha presentado el desafío necesario de volver a la teología de la hombría y la feminidad bíblica. ¡Aprovechemos al máximo esta oportunidad!

Estos dos libros, *¿Por qué Dios me hizo niño?* y *¿Por qué Dios me hizo niña?* fueron escritos por Joe Owen del ministerio apologético Respuestas en Génesis, junto con su hija Abby Owen, con el fin de apoyar a los papás y mamás no solo para contrarrestar el bombardeo de la ideología de género a su hogar, sino también para enseñar a los niños cómo Dios se quiere glorificar en su respectiva hombría o feminidad. Ya que ninguno de nosotros hemos vivido de acuerdo con ella, también estos libros presentan el mensaje de la redención en Cristo y de cómo solo en Él y por Él, podemos vivir los aspectos estructurales y funcionales de la imagen de Dios en nosotros para la gloria de Dios en Cristo. Para profundizarse más en este tópico, recomendamos el libro Autonomia sexual en un mundo posmoderno: una respuesta teológica, pastoral y apologética por Joe Owen (CLC Colombia, 2021)

Dios nos dice en Su Palabra que creó el universo en 6 días.

El primer día Él creó la Tierra (¡nuestro hogar!) y el espacio del universo; pero el espacio aún no tenía las estrellas, ni la Tierra tenía las montañas, océanos, animales, plantas, y humanos como vemos que tiene ahora.

Además, todavía no había luz.
Todo estaba oscuro pero Dios
estaba a punto de cambiar eso.
Dios tenía un plan no solo para
crear la luz, sino un plan y un
propósito para cada parte de
su creación.

En ese mismo día, Dios hizo la
luz y brilló sobre la tierra.

Luego, desde el día 2
hasta el día 4, formó los
mares, la tierra seca, e hizo
las plantas, los planetas, el sol,
la luna y finalmente las estrellas.

Todo lo hizo con un propósito.

¡Imagínate los diferentes tipos, formas y

En el quinto día, Dios hizo las criaturas marinas y también las voladoras. ¿Puedes imaginar lo asombroso que habría sido poder ver a todos los diferentes peces en el mar y aves del cielo llegar a existir por el poder de Dios?

colores de las criaturas marinas y las aves!

En el sexto día, Dios hizo los animales terrestres según su familia o tipo. Hizo distintos grupos de animales que se veían muy diferentes entre sí. Creó los animales grandes y pequeños.

¡Pero la obra creativa de Dios aún no estaba terminada!

Lo que vino después sería la parte más especial de la creación de Dios.

Más tarde (durante el sexto día) Dios hizo al hombre y a la mujer. Estas dos criaturas fueron hechos muy diferentes de las plantas y los animales.

Fueron hechos a imagen y semejanza de Dios.

 En estas figuras ¿puedes imaginar cuál es una mujer, cuál es un hombre y cuáles son el animal y la planta?

¿Cuál es la imagen de Dios en el hombre y la mujer?

¡Esa es una buena pregunta!

A Podemos saber que, de alguna manera, reflejamos algunas cosas sobre Dios; así como un espejo refleja algunas cosas de ti. Esto no nos hace igual a Dios porque somos solo una parte de su creación.

B Pero tampoco nos parecemos a las plantas, los animales o cualquier otra parte de la creación de Dios porque tenemos un espíritu. Tú, por ejemplo, no solo eres un niño, sino que eres un ser especial creado por Dios, que puede hablar y tener una relación con Él. Los animales y las plantas no tienen ese privilegio.

El primer hombre y la primera mujer se llamaron Adán y Eva. Sus hijos se casaron y tuvieron hijos, y sus hijos tuvieron hijos, etcétera. Hoy, todos proceden originalmente de Adán y Eva. Entonces, todos los niños son hechos a imagen de Dios. Eso significa que somos muy importantes para Dios y para los demás.

Pero también, hay algunas formas en las que los niños "reflejamos" (como un espejo, ¿recuerdas?) diferentes cosas o atributos de Dios que son diferentes a cómo lo hacen las niñas. Esto no significa que uno refleja a Dios mejor que el otro, sino que es solo de una manera diferente.

Por ejemplo, si le pido a dos amigos que vayan al mismo parque y escriban lo que ven, uno puede regresar y describir más animales y plantas, pero el otro amigo puede notar el estanque y los columpios en lugar de los animales.

Ambos amigos me están "reflejando" cómo se ve el parque, pero de diferentes maneras. Ambos tienen razón porque el parque tiene animales, plantas, estanques y columpios.

De manera similar, los niños y las niñas, aunque de varias formas "reflejan" muchos de los mismos aspectos de Dios, de alguna manera cada uno refleja diferentes aspectos de su Creador, el único Dios.

En Génesis 2, vemos que el hombre, Adán, fue creado primero y Dios le dijo que su función era trabajar para proveer, gobernar y proteger la creación de Dios. Dios también le dio su Palabra a Adán al darle la orden de no comer del árbol del conocimiento del bien y del mal.

Después de que Dios le dio estas funciones o tareas a Adán, Dios hizo a Eva. La hizo de una costilla de Adán. Por lo tanto, Adán tenía la responsabilidad o función de compartir la Palabra de Dios con Eva y sus futuros hijos. Eva es igual que Adán en muchos aspectos, pero en algunos aspectos es muy diferente.

Eva debía ayudar a Adán, para que juntos pudieran reflejar a Dios de ciertas maneras en su creación.

Eva fue hecha para ser "ayuda idónea". Así Adán no debía hacer su trabajo solo, sino con ayuda.

Esto no significa que Adán fuera de alguna manera más importante que Eva, sino que Dios le dio a cada uno diferentes llamados. Cuando el hombre y la mujer llevan a cabo sus respectivas funciones en conjunto (como un equipo), Dios es grandemente glorificado a través de su matrimonio.

No solo vemos el liderazgo y la responsabilidad puestos principalmente en Adán por lo que le fue dado en Génesis 1-2, sino que también en partes del Nuevo Testamento la Biblia se refiera a Génesis 1-2 para enseñar sobre el liderazgo de los hombres en el hogar y la iglesia.

En estas áreas, este tipo de liderazgo masculino no se parece mucho al liderazgo masculino pecaminoso que se ve en el mundo hoy, que a veces conduce a muchos tipos de abuso y opresión. Lo que la Biblia enseña sobre el liderazgo es el de servicio, protección pastoral y de auto sacrificio. Por lo tanto, no solo los niños y las niñas reflejan a Dios en muchas formas iguales, sino que también nosotros, como varones, reflejamos a Dios en formas en que las niñas no lo hacen tanto. Eres creado muy especial y cada parte de ser un niño varón es para la gloria de Dios.

Autosacríficio

Servicio

Protección pastoral

Eres creado muy especial y cada parte de ser un niño varón es para la gloria de Dios.

Solo una de las formas en que los niños reflejan a Dios es que muchos niños algún día serán esposos y padres. Aunque no todos los niños serán esposos y no todos los esposos serán padres, muchos lo serán, y esta es una maravillosa bendición de Dios para muchos varones. Algún día, muchos de nosotros tendremos la oportunidad de glorificar a Dios proveyendo para una familia, protegiéndolos y enseñándoles acerca de nuestro maravilloso Dios Creador y su plan de perdón en Jesucristo, quien es Dios Hijo. Nuestras familias verán que, aunque somos diligentes en trabajar para proveer, nuestra confianza para la provisión siempre está en Dios. Aunque las mamás también enseñan a los niños acerca de Dios, la responsabilidad final recae en el esposo y el papá. Por esa razón los animamos como niños a actuar e incluso jugar con juguetes que reflejen estos aspectos de la masculinidad.

Lamentablemente, muchas personas han pensado que los niños no deberían ser artistas o poetas o que las niñas no pueden practicar deportes o incluso jugar en el barro. Eso simplemente no es cierto. ¡Soy un hombre y amo la poesía! ¡Los Salmos fueron escritos por hombres! ¡Tanto hombres como mujeres pueden glorificar a Dios disfrutando muchas de las mismas cosas!

Solo es importante disfrutar de esas cosas (construcción, arte, música, autos, poesía, deportes, etc.) siempre y cuando no nos impidan reconocer, aceptar y vivir nuestras diferentes identidades y funciones como niños o niñas ahora, y como hombres o mujeres después.

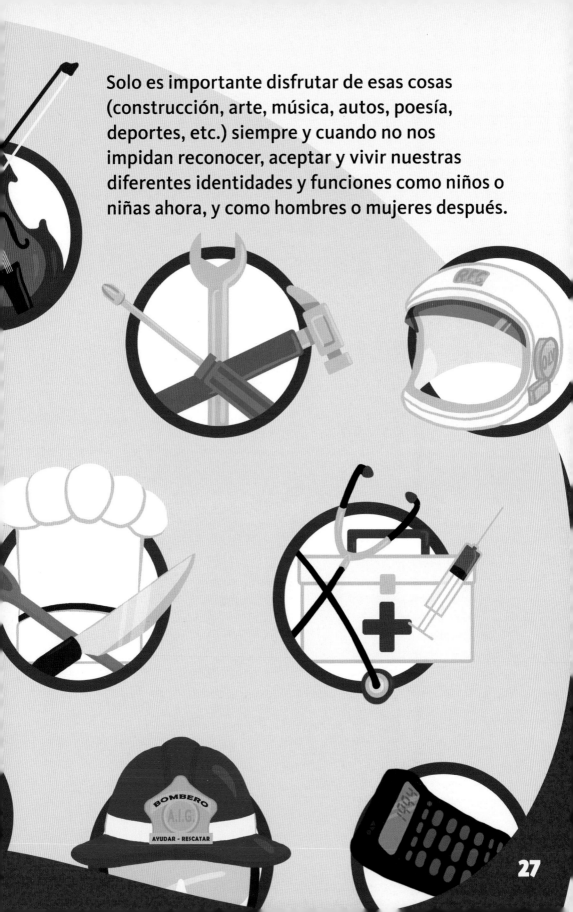

¿Pero las niñas pueden vestirse como niños?

Etiopia (tribu)

Japón

Aunque los hombres y las mujeres se visten de manera diferente en cada cultura, la cultura no inventa el hecho de que los hombres y las mujeres se visten de manera diferente entre sí. Cada sociedad está formada por hombres y mujeres hechos a imagen de Dios que son todos descendientes de Adán y Eva (como tú y yo). Esto significa que cuando miramos las diferentes culturas alrededor del mundo y vemos que hay diferencias notables en la forma en que los hombres y las mujeres se visten, esto se debe a que ellos se dan cuenta de las diferencias, no las inventan.

Jordania

Escocia

Venezuela

En muchos sentidos somos iguales pero en otros somos diferentes. Dios nos hizo de esta manera para ser glorificado por nosotros en su diseño. Por lo tanto, no es un honor para Dios que los hombres se vistan como mujeres y que las mujeres se vistan como hombres porque cuando hacemos eso, no estamos buscando glorificar a Dios en las diferentes formas en que Él nos hizo.

"No vestirá la mujer traje de hombre, ni el hombre vestirá ropa de mujer; porque abominación es a Jehová tu Dios cualquiera que esto hace." Deuteronomio 22:5

Si ser niño es un gran honor, ¿por qué hoy en día hay tantas personas enseñando que los niños y las niñas no tienen esas valiosas diferencias?

¿Realmente deben hacer todo de la misma manera?

Para entender cómo sucedió esto, debemos volver a Adán y Eva, donde comenzó una rebelión contra Dios. Adán y Eva se rebelaron contra Dios y comieron del árbol del conocimiento del bien y del mal.

Muchas cosas cambiaron y desde entonces, vemos corrupción en la creación de Dios. No solo la gente sufre, sino toda la creación también. Mucha gente no ha celebrado ni adorado a Dios debido al pecado en su corazón.

Lamentablemente, muchas personas no quieren adorar a Dios por haber creado niños y niñas, sino que han usado sus diferencias para lastimarse mutuamente.

Algunos niños se convierten en hombres que maltratan a las niñas. Además, algunas niñas crecen para convertirse en mujeres que no quieren ser las "ayudas idóneas" y piensan que ser esposa y mamá es menos importante.

Lamentablemente, muchas personas hoy en día no quieren seguir el diseño de Dios y enseñan que nuestras diferencias las compensan nuestras sociedades. Sin embargo, esto no es cierto. Las muchas culturas de todo el mundo ven algunas de estas diferencias entre niños y niñas porque son parte del diseño creativo de Dios y todos somos hijos de Adán y Eva. El mundo hace mucho por ignorar el diseño de Dios y se niega a buscar a Dios para que le perdone.

¡Parece que no hay esperanza para nosotros!

Pero Dios ya tenía una respuesta a esto.

Dios el Padre envió a su único Hijo al mundo para hacerse hombre.

Este hombre, Jesús, nunca pecó (porque Él es Dios).

Finalmente lo llevó de regreso con Él al cielo hasta que regrese por nosotros.

5

4

Tres días después, Dios el Padre lo resucitó de entre los muertos mediante el poder de Dios el Espíritu Santo.

Jesús cargó con el pecado de niños y niñas cuando murió en una cruz.

Ahora tenemos un mensaje para enviar a todos los niños y niñas de que pueden ser perdonados si se arrepienten de sus pecados y ponen su confianza solo en Jesús para el perdón de sus pecados.

Un día, Dios Padre enviará a Jesús de regreso por su pueblo y gobernaremos en cielos nuevos y tierra nueva junto con Jesús para siempre. Todas las cosas malas que vemos y hacemos ahora desaparecerán.

Dios siempre tuvo un plan.

¿Te has arrepentido de tus pecados y has confiado en Jesús? ¿Puedes estar agradecido y alabar a Dios por haberte hecho un niño varón?

Ser varón es un privilegio increíble. Dios quiere que mostremos un liderazgo de servicio y de cuidado pastoral en nuestros hogares e iglesias. Fuimos creados para un propósito muy especial y cada uno de nosotros puede dar gloria a Dios de diferentes maneras.

¡Gracias a Dios que eres un niño varón! Eres hecho a la imagen de Dios, y Él quiere glorificarse por medio de tu vida y, si estás en Cristo, también en la vida venidera con Jesús.

En Jesús, tú y yo podemos una vez más estar agradecidos con Dios por ser hechos varones, no solo por las formas en que todos reflejamos a Dios de manera similar a las niñas, sino también por las formas en que reflejamos a Dios de manera diferente como varones.